Angelina Schulze
Nadine Mellenthin

Das
Tor zur Zeit

Antworten auf Fragen zum richtigen Zeitpunkt

Beschreibung der einzelnen Karten:

Die 12 Sternzeichen:

Sie haben ihren Ursprung in der Astrologie. Wer kennt sie nicht schon aus seinem Horoskop?! Jedes Sternzeichen umfasst einen Zeitraum von ca. vier Wochen.
Ziehst Du eine solche Karte, dann bedeutet das, dass in diesem Datumszeitraum, z. B. „Sternzeit Widder" = 21. März bis 20. April, Deine Antwort zu finden ist. Hierbei ist jedoch zu beachten, **wann** die Frage gestellt wurde.

Ist gerade Anfang April und Du ziehst die Karte „Sternzeit Widder", dann können bereits der gegenwärtige Augenblick oder auch die nächsten Tage gemeint sein, da Du Dich ja momentan durch das Sternzeichen Widder bewegst. Es kann aber auch das nächste Jahr vom 21. März bis zum 20. April gemeint sein. In diesem besonderen Fall spricht man von einem Grenzfall. Immer wenn der Fragezeitpunkt in demselben Sternzeichen liegt, auf welches die Antwortkarte weist, dann handelt es sich um diesen Grenzfall und es kann sowohl jetzt, als auch das nächste Jahr gemeint sein.

Bei allen anderen Sternzeichenkarten gilt natürlich das Gleiche. Nur wenn Du nicht in demselben Fragezeitraum bist, in dem Deine Antwortkarte liegt, dann gilt die Sternzeit, die als Nächstes kommt.

Hierzu noch ein zweites Beispiel:
Es ist immer noch Anfang April und Du ziehst nun aber die Karte „Sternzeit Jungfrau". Das bedeutet, dass Deine Antwort in den Datumszeitraum 24. August bis 23. September fällt, das wäre dann also in ein paar Monaten.

Ein weiteres Beispiel:
Du stellst Deine Frage am 31. Dezember und ziehst die „Sternzeit Stier", dann liegt Deine Antwort ca. fünf Monate weiter, nämlich im Datumszeitraum 21. April bis 20. Mai.

Die vier Jahreszeiten –
Frühling, Sommer, Herbst und Winter:

Hast Du eine dieser Karten gezogen, dann fällt Deine Antwort in die jeweilige Jahreszeit.
Hier einige Beispiele: Es ist Herbst und Du stellst Deine Frage und erhältst den Frühling als Antwort, dann bedeutet das, dass der kommende Frühling gemeint ist. Hättest Du hingegen den Herbst gezogen, also die Jahreszeit, in der Du Dich gerade befindest, dann ist in der Regel gemeint, dass es schon bald ist. Nur in Ausnahmefällen kann auch mal das nächste Jahr mit der gezogenen Jahreszeit gemeint sein.

Karten mit längerfristigen Zeitangaben:

Diese Karte währt ein Leben lang:
Hier ist das „für immer" gemeint. Es bezieht sich auf Dein ganzes Leben. Dies bedeutet, dass Du entweder Dein Leben lang auf Deine Antwort warten wirst oder einfach ein Leben lang diese Antwort behältst. Bezogen auf Deine gestellte Frage oder die jeweilige Situation, könnte die Karte auch darauf hinweisen, dass Du im Laufe der Zeit immer wieder mit diesem Thema konfrontiert werden wirst.

Diese Karte weist auf mehrere Jahre:
Dies deutet auf einen langen Zeitraum hin. Auf jeden Fall länger als ein Jahr. Gehe von zwei bis zu sehr vielen Jahren aus.

Diese Karte zeigt eine Periode – meist 7 Jahre:
Auch hier sind mehrere Jahre gemeint. In der Regel geht es um ein paar Jahre, das können vielleicht vier oder fünf sein, aber genauso gut ein Zeitraum von sieben Jahren. Die Zahl Sieben

gilt hier nur als grober Richtwert. Man kann von der Sieben plus minus drei Jahre rechnen, was einem Zeitraum zwischen vier und zehn Jahren entspricht.

Du musst noch abwarten. Es zieht sich leider hin:
So schnell wird es nicht geschehen. Rechne mit Verzögerungen. Es dauert länger als geplant.

Es kommt mit Verspätung/Zeitverlust:
Es wird länger dauern und Du musst mit Verspätungen rechnen. Es wird sich um einiges verzögern und dadurch deutliche Zeitverluste geben.

Für die Ewigkeit bzw. langfristig/dauerhaft:
Diese Zeitaussage besteht für eine sehr lange Zeitspanne, eben dauerhaft oder „für die Ewigkeit." Gemeint ist auch alles, was langfristig geplant ist oder über einen längeren Zeitraum hinweg geplant werden sollte.

Karten mit kurzfristigen Zeitangaben:

Eine Woche steht Dir zur Verfügung:
Es wird also innerhalb der nächsten sieben Tage soweit sein. Wobei Du eher von sechs oder sieben Tagen ausgehen kannst, als von ein oder zwei Tagen.

Es geschieht innerhalb 4 – 7 Wochen:
Also frühestens in einem Monat und spätestens in knapp zwei Monaten. Hier ist im Durchschnitt ein Zeitraum von ca. eineinhalb Monaten gemeint.

Es geschieht noch in diesem Jahr:
Diese Zeitaussage bezieht sich immer auf das laufende Jahr, also spätestens am 31.12 ist es soweit. Innerhalb des Jahres wird der Zeitpunkt gekommen sein. Das genaue Datum wird jedoch offen gelassen. Hast Du Deine Frage gegen Ende des Jahres gestellt, so kann es nur noch wenige Tage oder Wochen dauern, da das

Jahr ja schon fast zu Ende geht. Hast Du hingegen Anfang des Jahres Deine Frage gestellt, so kann es sowohl in den nächsten Tagen als auch in den nächsten Monaten sein. Es wird aber auf jeden Fall noch in diesem laufenden Jahr der richtige Zeitpunkt gekommen sein.

Es geschieht plötzlich und überraschend:
Hier wird der genaue Zeitpunkt noch offen gelassen, jedoch eines ist klar: die Antwort auf Deine Frage kommt plötzlich und überraschend für Dich und wird auch nicht mehr lange auf sich warten lassen.

Es geschieht schnell, schon bald:
Es dauert nicht mehr lange, der Zeitpunkt ist schon ganz nah und es geht sehr schnell.
Damit sind nur wenige Tage oder Stunden oder auch Minuten gemeint.

Heute bzw. Jetzt ist der Zeitpunkt gekommen:
Zögere nicht länger, denn es kann schon „Heute" beginnen. Deine Antwort liegt im „Jetzt".

In etwa 2 – 3 Wochen:
Ab dem Zeitpunkt der Frage wird es frühestens in zwei und spätestens in drei Wochen soweit sein.

In etwa 3-4 Monaten:
Ab dem Zeitpunkt der Frage wird es ca. drei oder vier Monate dauern. (+/- ein paar Tage).

In etwa einem halben Jahr:
Ab dem Zeitpunkt der Frage wird es ca. ein halbes Jahr dauern. (+/- ein paar Wochen).

Nimm Dir ein Jahr Zeit:
Hier gilt der Zeitraum von genau einem Jahr. Beginn ist der Zeitpunkt Deiner Frage und genau ein Jahr später (+/- ein paar Wochen) ist der richtige Zeitpunkt erreicht.

Rechne mit einem Monat:
Ein Monat hat vier Wochen und genauso lange wird es noch dauern bis es soweit ist.

Karten mit beliebigen Zeitaspekten (Es liegt an Dir!)

Die Zeit beginnt, sobald Du Deinen Teil getan hast:
Erst wenn Du selbst etwas tust, also handelst, dann wird die Zeit beginnen bzw. so weit sein. Legst Du hingegen die Hände in den Schoß, dann wird auch so schnell nichts passieren. Hier ist Deine Aktion gefragt, nur dann wird der Zeitpunkt gekommen sein.

Die Zeit ist gekommen, um endlich anzufangen:
Bedeutet nichts anderes, als endlich loszulegen, fang an und handele! Denn jetzt ist es soweit. Der Zeitpunkt ist günstig und Du solltest nicht länger warten. Beginne mit Deinen Vorbereitungen.

Du hast die Zeit, die Du Dir wünschst:
Das bedeutet „wann immer Du es willst, wird es passieren." Es liegt ganz allein an Dir. Wenn Du dafür bereit bist und es wirklich willst, dann wird es auch geschehen.

. . .

Und nun wünsche ich Dir viel Erfolg beim Reisen
durch „Das Tor zur Zeit"!
Bewege Dich in Gedanken in die Vierte Dimension
und stelle den Karten Deine Zeitfragen.

1. Auflage 2007

www.windpferd.de

Umschlaggestaltung und Layout:
Marx Grafik & ArtWork
unter Verwendung einer Illustration von Nadine Mellenthin
Illustrationen: Nadine Mellenthin
Gesamtherstellung: Schneelöwe Verlagsberatung & Verlag, Aitrang
Gedruckt auf säurefreiem, chlorfrei gebleichtem Papier
Printed in Germany · ISBN 978-3-89385-526-1

Inhalt

Einleitung

„Das Tor zur Zeit" öffnet Dir den Weg zu Deinem Unterbewusstsein. Mit diesen Karten beginnt Deine Reise in die Vierte Dimension.

Dein höheres Selbst kennt bereits die Antwort auf alle Deine Fragen. Tief in Deinem Inneren schlummert sie und sucht nach Wegen, sich Dir mitzuteilen. Mit diesem Set durchschreitest Du das Tor zur Zeit und bekommst auf Deine Fragen nach dem „Wann" eines bestimmten Ereignisses, einer Entwicklung oder der Erfüllung eines Wunsches Deine Antwort.

Alles was Du brauchst, sind diese Karten und eine konkrete Frage nach dem zeitlichen Aspekt eines Ereignisses. Du kannst alles fragen, was Du möchtest, solange sich Deine Frage auf eine Zeitaussage bezieht, denn diese Karten geben Dir nur Antworten zum Thema „Zeit". Sie helfen Dir, heraus zu finden, wann Dich etwas erwartet oder auch, wann der richtige Zeitpunkt zum Handeln gekommen ist. Du kannst die Karten sowohl für sich allein als auch in Kombination mit anderen Kartendecks verwenden.

Verwendung mit anderen Kartendecks

Orakelkarten zeigen Dir Dein Leben in der Sprache der Bilder. Durch sie kannst Du leichter zu Deinem Unterbewusstsein vordringen. Ob Du Tarotkarten, Kipperkarten oder auch Lenormandkarten legst – die Antwort liegt immer direkt vor Deinen Augen, Du musst sie nur erkennen und richtig zu deuten wissen. Die Karten lügen nicht, es kann sie nur nicht jeder immer richtig interpretieren. Mit der Zeit und etwas Übung lernst Du aber, die Sprache der Bilder zu verstehen und kannst die Karten bei all Deinen Fragen zu Rate ziehen. Sie zeigen Dir Situationen Deines Lebens und geben Anhaltspunkte zur weiteren Entwicklung. Du erhältst Tipps und Ratschläge, damit sich die Dinge in die von Dir gewünschte Richtung entwickeln. Dennoch taucht irgendwann immer wieder die gleiche Frage auf: die Frage nach dem „Wann". Wann wird es passieren? Wann ist die Zeit gekommen?

Ob Du für Dich selber oder auch für andere die Karten legst, es wird letztendlich immer zu dieser bestimmten Frage kommen.

Die Liebeskarten zeigen zum Beispiel, dass ein neuer Partner bzw. eine neue Partnerin in Dein Leben treten wird und nun kommt die entscheidende Frage: „**Wann** kommt er/sie denn? Wie lange dauert es noch, bis ich diese Person kennen lerne?“ Oder Du legst jemandem die Karten und siehst im Kartenbild einen anstehenden Umzug. Natürlich möchte die fragende Person nun wissen, wann denn dieser Wohnungswechsel sein wird. Auch hier wieder die Frage nach dem „Wann“. Wann passiert es, wann ist der Zeitpunkt günstig?

Hier kommt nun „Das Tor zur Zeit“ ins Spiel.

Egal welche Legung Du gemacht hast und welches Kartenset Du gerade verwendest, Du kannst immer und überall diese zusätzlichen Karten mit einbeziehen.

Siehst Du in Deinem Kartenbild zum Beispiel eine Situation wie eine neue Arbeitsstelle, dann konzentriere Dich auf dieses Ereignis und beginne „Das Tor zur Zeit“ zu mischen. Frage Dich im Stillen oder auch laut ausgesprochen, nach dem Zeitaspekt dieser Situation: „Wann bekomme ich die neue Arbeitsstelle?"

Konzentriere Dich auf Deine Frage und mische solange, bis entweder eine Karte heraus fällt oder Du spürst, dass genug gemischt ist, und ziehe einfach eine Karte aus dem Stapel. Die richtige Zeitaussage wird ihren Weg zu Dir finden und sich durch die entsprechende Karte offenbaren. Lege die gezogene Karte direkt auf die Situation im Kartenbild und drehe sie anschließend um. Nun kannst Du Deine Zeitantwort lesen.

Verwendung in der Telefonberatung

Solltest Du telefonische Beratungen machen, kannst Du ebenfalls „Das Tor zur Zeit" befragen. Du beschreibst dem Kunden die Situationen, die Du im Kartenbild siehst, und die anstehenden Ereignisse. Fragt Dich der Kunde dann nach dem Zeitpunkt, wann das alles eintreffen wird, so benutzt Du Dein „Tor zur Zeit." Stelle im Stillen stellvertretend für Deinen Kunden die Frage nach der Zeit und beginne mit dem Mischen der Karten. Sage vorher Deinem Kunden, dass er irgendwann aus seinem Gefühl heraus „Stopp“ sagen soll, und wenn Du dann dieses „Stopp“ von ihm hörst, dann ziehst Du die oberste Karte vom Stapel und liest ihm die Zeitantwort vor.

Diesen Zeitraum erfassen die Karten

Die meisten Aussagen beziehen sich auf einen Zeitraum innerhalb eines Jahres.

Jedoch gibt es auch Karten, die darüber hinausgehen und mehrere Jahre oder sogar die Ewigkeit anzeigen.

Einige Karten überlassen es Dir, den richtigen Zeitpunkt für ein Vorhaben zu bestimmen. Die Veränderung beginnt erst, wenn Du es selber willst bzw. den ersten Schritt tust.

Es gibt auch so genannte Verzögerungskarten, die Dir anzeigen, dass ein bestimmtes Thema in Deinem Leben sich einfach noch hinziehen bzw. eine längere Zeit in Anspruch nehmen wird.

Natürlich gibt es auch Karten für den Augenblick oder für kürzere Zeitabschnitte.

Von „Jetzt" bis zur „Ewigkeit"– die Karten zeigen vieles an.

Diese Fragen sind erlaubt:

Wann werde ich wieder eine feste Partnerschaft haben?
Wann soll ich mich bei ihm melden?
Wann ist die beste Zeit für einen Neubeginn?
Wann werde ich wieder Arbeit finden?
Wann bekomme ich endlich meine Gehaltserhöhung?
Wann werde ich schwanger?
Wann ist der ideale Zeitpunkt zum Heiraten?
Wann wird mein Projekt erfolgreich?
Wann soll ich umziehen?
Wann erhalte ich mein Geld zurück?
Wann ist es am günstigsten zu verkaufen?

Wann habe ich besonders viel Glück?
Wann werde ich mich verlieben?
Welcher Zeitraum ist für meine Reise am besten?
Bis wann sollte ich mich spätestens entschieden haben?
Wie lange wird diese Situation noch so bleiben?
Wie lange muss ich noch auf meine Beförderung warten?
Wie lange wird diese Beziehung noch halten?
Wie lange muss ich noch um mein Recht kämpfen?
Wie lange dauert dieser Gerichtsprozess?
Wie lange muss ich auf seine Entscheidung noch warten (hoffen)?
Wie lange kann ich mich noch zurückhalten?
Wie lange werde ich noch in dieser Lage (Situation) sein?

Nicht erlaubt sind Fragen nach Krankheit und Tod. Kein Orakel gibt hier eine korrekte Antwort und was für einen Sinn sollte es haben, sich diese Fragen überhaupt zu stellen? Viel sinnvoller ist es, die Fragen stets positiv zu halten, denn positiv denkend schreiten wir doch viel besser und angenehmer durchs Leben!

Für den Bereich „Gesundheit" ist ein Arzt zuständig und keine Kartenaussage. Für den Tod kann niemand eine richtige Antwort geben, auch diese Karten nicht.

Sollten solche unerlaubten Fragen gestellt werden, so wird „Das Tor zur Zeit" keine wahre und richtige Antwort geben, da es das einfach nicht kann und auch nicht darf.

Die Antwort auf die Frage „Wann"

Nachdem Du nun Deine persönliche Frage gefunden hast, beginne mit dem Mischen der Karten. Konzentriere Dich dabei auf Deine Frage. Sei in Gedanken bei Deiner Frage oder sprich sie einfach laut aus. Wiederhole beim Mischen immer wieder Deine Frage. Die richtige Karte wird ihren Weg zu Dir finden. Es kann zum Beispiel sein, dass beim Mischen plötzlich eine Karte aus dem Stapel fällt. Sie ist besonders wichtig und suchte den direkten Weg und Kontakt zu Dir. Sie ist auf jeden Fall die passende Antwort auf Deine Frage. Da jedoch nicht immer so eindeutig eine Antwort in Deine Hände fällt, musst Du Dich auf Dein Innerstes verlassen. Mische solange, bist Du denkst, dass es genug ist, und ziehe dann entweder die oberste Karte vom Stapel oder, was noch besser ist, breite die Karten fächerartig vor Dir aus und fahre mit Deiner linken Hand über die Rückseiten. Wenn Du ein warmes Gefühl hast, oder auch einfach spürst, „diese Karte soll es sein", dann ziehe sie aus dem Fächer heraus. Sie wird die richtige Karte sein, denn Dein Unterbewusstsein kennt die wahre Antwort bereits und und führt Dich zu der entsprechenden Karte. Der Text, der auf der Karte steht, ist nun Deine Antwort auf die gestellte Zeitfrage.

Es geschieht
plötzlich
und
überraschend

DAS
TOR ZUR ZEIT

Es kommt mit
Verspätung/
Zeitverlust

DAS
TOR ZUR ZEIT

In etwa 2 bis 3 Wochen

DAS
TOR ZUR ZEIT

Für die Ewigkeit
bzw. langfristig/dauerhaft

DAS
TOR ZUR ZEIT

Es wird Winter werden

Das
Tor zur Zeit

Die Zeit ist gekommen,
um endlich anzufangen

DAS
TOR ZUR ZEIT

Sternzeit

♐

Schütze

23. November bis

21. Dezember

Das Tor zur Zeit

Heute bzw. jetzt
ist der Zeitpunkt
gekommen

Das Tor zur Zeit

In etwa einem
halben Jahr

DAS
TOR ZUR ZEIT

Diese Karte zeigt
eine Periode – meist 7 Jahre

DAS
TOR ZUR ZEIT

Es geschieht noch
in diesem Jahr

DAS
TOR ZUR ZEIT

Nimm Dir
ein Jahr Zeit

DAS
TOR ZUR ZEIT

Im Sommer soll es geschehen

DAS
TOR ZUR ZEIT

Diese Karte weist
auf mehrere Jahre

DAS
TOR ZUR ZEIT

Sternzeit

♉

Stier

21. April bis 20. Mai

DAS
TOR ZUR ZEIT

Sternzeit
♑
Steinbock
22. Dezember
bis 20. Januar

DAS
TOR ZUR ZEIT

Diese Karte währt
ein Leben lang

DAS
TOR ZUR ZEIT

Sternzeit

♓

Fische

20. Februar bis 20. März

DAS
TOR ZUR ZEIT

Sternzeit

♌

Löwe

23. Juli bis 23. August

DAS
TOR ZUR ZEIT

In etwa 3 bis 4 Monaten

Das
Tor zur Zeit

Du musst noch abwarten,
es zieht sich leider hin

DAS
TOR ZUR ZEIT

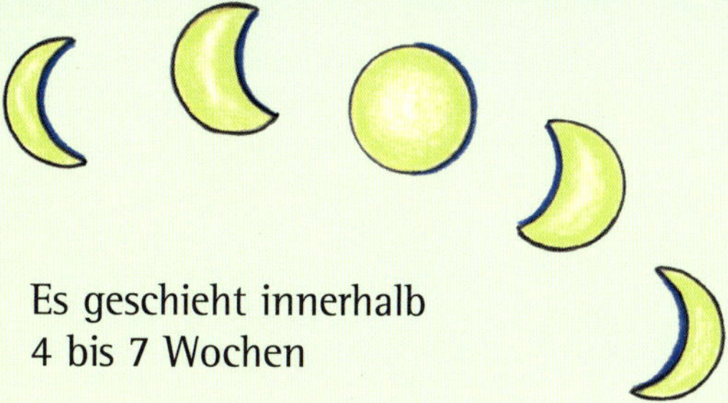

Es geschieht innerhalb
4 bis 7 Wochen

DAS
TOR ZUR ZEIT

Sternzeit
♍
Jungfrau
24. August bis
23. September

DAS
TOR ZUR ZEIT

Sternzeit
♊
Zwillinge
21. Mai bis 21. Juni

DAS
TOR ZUR ZEIT

Du hast die Zeit, die Du Dir wünschst

DAS
TOR ZUR ZEIT

Die Zeit beginnt,
sobald Du Deinen Teil getan hast

DAS
TOR ZUR ZEIT

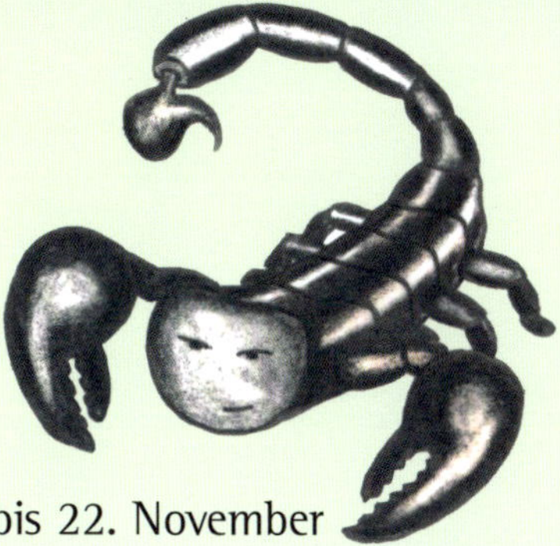

Sternzeit
♏
Skorpion
24. Oktober bis 22. November

DAS
TOR ZUR ZEIT

Sternzeit
♎
Waage
24. September
bis 23. Oktober

DAS
TOR ZUR ZEIT

Sternzeit
♋
Krebs
22. Juni bis 22. Juli

DAS
TOR ZUR ZEIT

Rechne mit einem Monat

DAS
TOR ZUR ZEIT

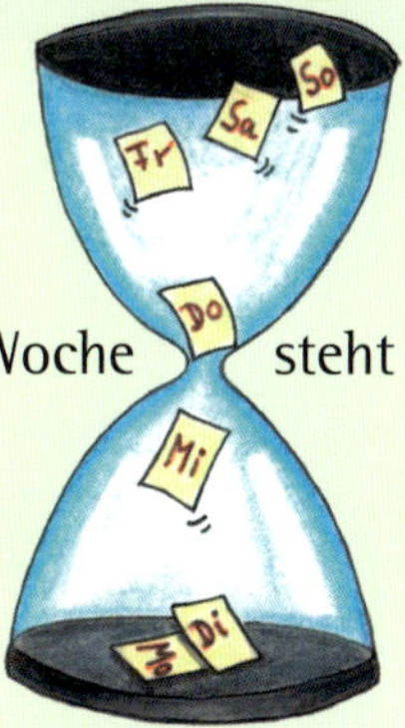

Eine Woche steht Dir zur Verfügung

DAS
TOR ZUR ZEIT

Diese Karte
wirkt im Herbst

DAS
TOR ZUR ZEIT

Im Frühling zeigt sich die Wirkung

DAS
TOR ZUR ZEIT

Sternzeit

♈

Widder

21. März bis 20. April

Das
Tor zur Zeit

Es geschieht schnell,
schon bald

DAS
TOR ZUR ZEIT